Impressum
Verlag: BABADADA GmbH, Nedderfeld 112 , 22529 Hamburg
Geschäftsführer / Verlagsleitung: Harald Hof
Druck: Books on Demand GmbH, In de Tarpen 42, 22848 Norderstedt

Imprint
Publisher: BABADADA GmbH, Nedderfeld 112 , 22529 Hamburg, Germany
Managing Director / Publishing direction: Harald Hof
Print: Books on Demand GmbH, In de Tarpen 42, 22848 Norderstedt

школа
məktəp

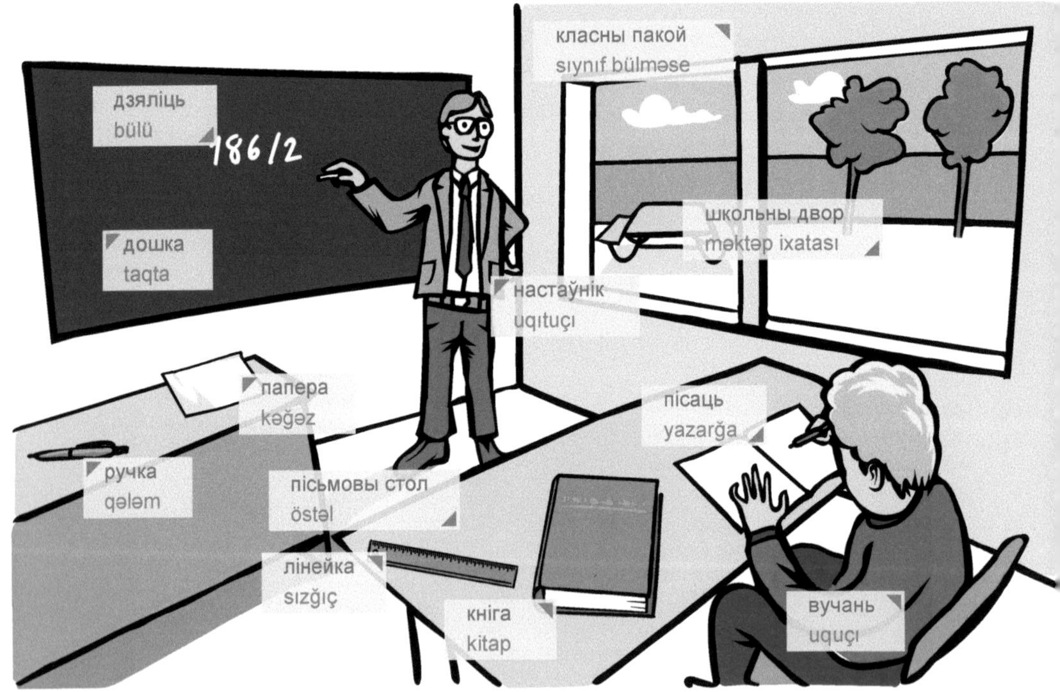
класны пакой
sıynıf bülməse
дзяліць
bülü
186/2
дошка
taqta
школьны двор
məktəp ixatası
настаўнік
uqıtuçı
папера
kəğəz
пісаць
yazarğa
ручка
qələm
пісьмовы стол
östəl
лінейка
sızğıç
кніга
kitap
вучань
uquçı

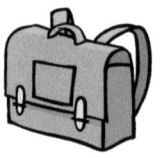

ранец
buqça

пенал
qələmdan

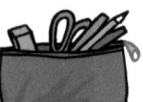

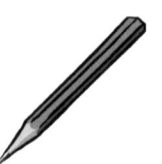

просты аловак
qırandaş

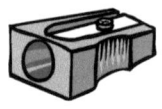

тачылка для алоўкаў
qələm oçlağıç

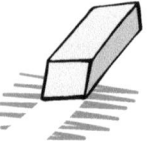

гумка
betergeç

альбом для малявання
rəsem dəftəre

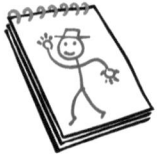

малюнак

rəsem

пэндзлік

pumala

фарбы

buyawlar tartması

нажніцы

qayçı

клей

cilem

сшытак

dəftər

хатняе заданне

öy eşe

лік

san

дадаваць

quşu

адымаць

alu

множыць

tapqırlaw

лічыць

isəpləw

літара

xəref

алфавіт

əlifba

слова

süz

тэкст

tekst

чытаць

uqırğa

крэйда

aqbur

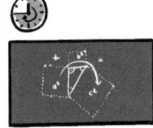

ўрок

dəres

класны журнал

sıynıf jurnalı

экзамен

imtixan

атэстат

sertifikat

школьная форма

məktəp forması

адукацыя

məğərif

энцыклапедыя

ensiklopediyə

універсітэт

universitə

мікраскоп

mikroskop

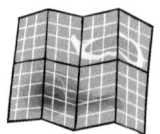

карта

xarita

смеццевы кошык

çüp qəğəz çiləge

падарожжа

səyəxət

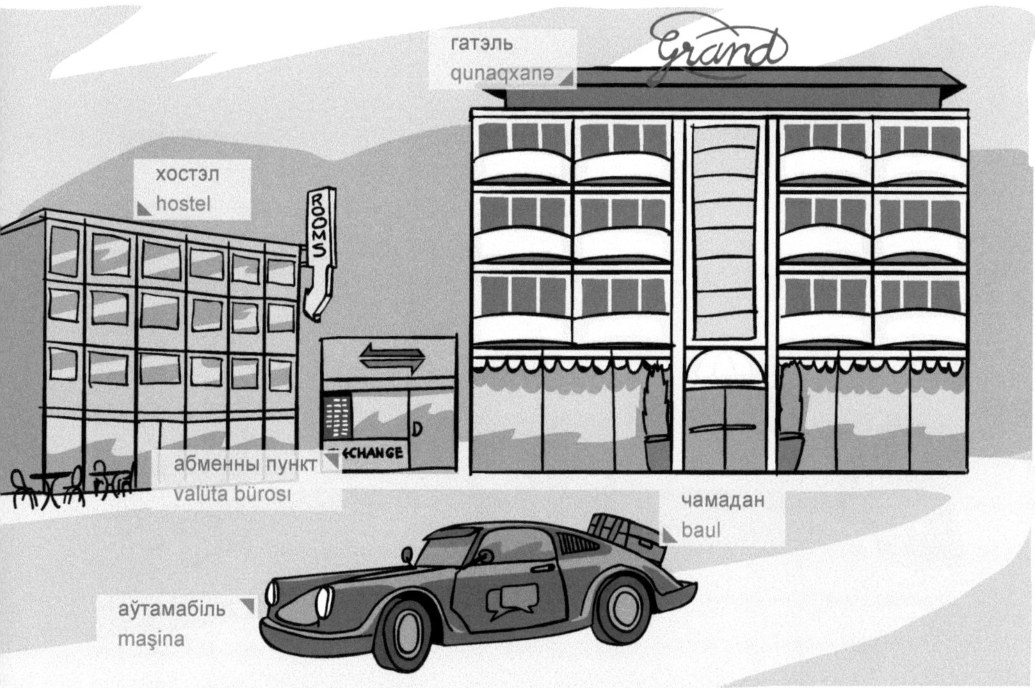
гатэль
qunaqxanə
Grand
хостэл
hostel
ROOMS
абменны пункт
valüta bürosı
CHANGE
чамадан
baul
аўтамабіль
maşina

мова

tel

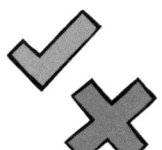

так / не

əye / yuq

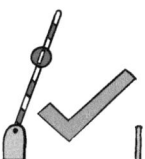

добра

yarar

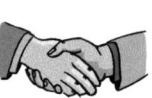

прывітанне!

isənmesez

перакладчык

tərceməçe

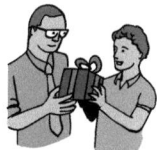

дзякуй

Rəxmət

Колькі каштуе….?

… küpme tora?

я не разумею

min añlamıym

праблема

problem

Добры вечар!

Xәyerle kiç!

Добрай раніцы!

Xәyerle irtә!

Дабранач!

Tınıç yoqı!

да пабачэння

saw bulığız

кірунак

yünәleş

багаж

bagaj

сумка

buqça

заплечнік

biştәr

госць

qunaq

пакой

bülmә

спальны мяшок

yoqı qapçığı

палатка

çatır

інфармацыя для турыстаў
turist məğlüməte

пляж
qomsal

крэдытная картка
kredit kərte

снеданне
irtənge aş

абед
töşlek

вячэра
kiçke aş

праязны білет
bilet

ліфт
lift

паштовая марка
marka

мяжа
çik

мытня
tamğaxanə

пасольства
ilçelek

віза
viza

пашпарт
pasport

транспарт
transport

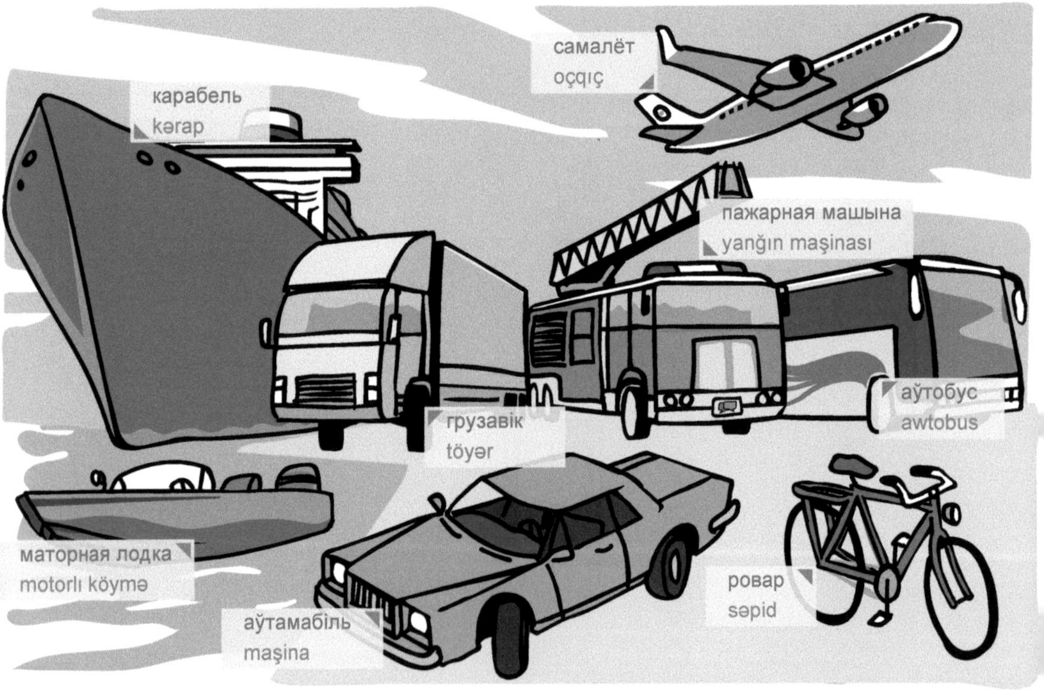
самалёт
oçqıç
карабель
kərap
пажарная машына
yanğın maşinası
аўтобус
awtobus
грузавік
töyər
маторная лодка
motorlı köymə
ровар
səpid
аўтамабіль
maşina

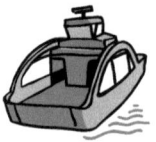

парам

boram

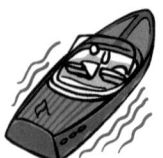

лодка

köymə

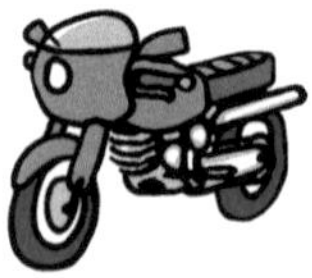

матацыкл

motosiklət

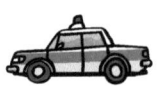

паліцэйская машына

polisə maşinası

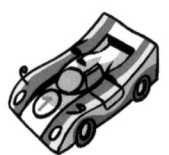

гоначны аўтамабіль

uzış maşinası

арэндаваны аўтамабіль

kiralıq maşina

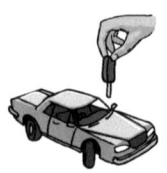

сумеснае карыстанне аўтамабілем

karşering

эвакуатар

tartuçı

смеццявоз

çüp töyəre

матор

motor

паліва

yağulıq

запраўка

benzinlek

дарожны знак

trafik bilgese

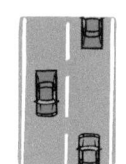

дарожны рух

xərəkət

затор

böke

паркоўка

parking

чыгуначная станцыя

stansa

рэйкі

rəy

цягнік

trən

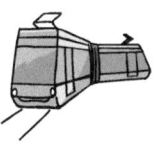

трамвай

tramway

вагон

vagon

верталёт

boralaq

аэрапорт

hawa alanı

вежа

manara

пасажыр

yulçı

кантэйнер

konteyner

кардонная скрыня

alap

тачка

yök arbası

карзіна

səbət

ўзляцаць / прызямляцца

qalqu / töşü

горад

şəhər

вёска

awıl

цэнтр горада

şəhər üzəge

дом

yort

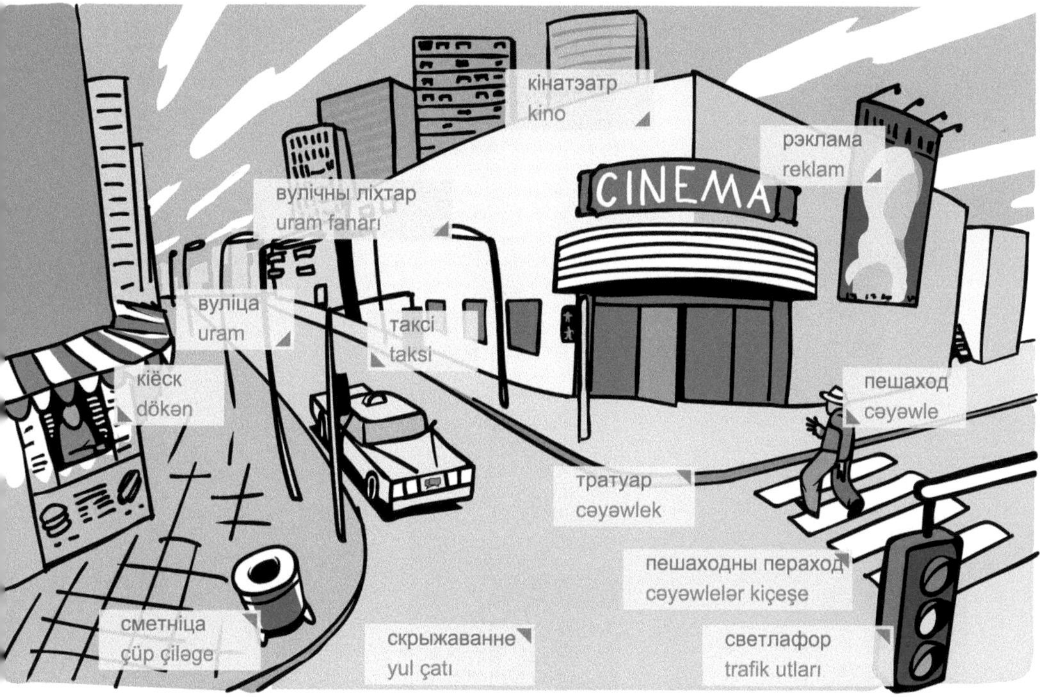

кінатэатр
kino

рэклама
reklam

вулічны ліхтар
uram fanarı

вуліца
uram

таксі
taksi

CINEMA

кіёск
dökən

пешаход
cəyəwle

тратуар
cəyəwlek

пешаходны пераход
cəyəwlelər kiçeşe

сметніца
çüp çiləge

скрыжаванне
yul çatı

светлафор
trafik utları

халупа
alaçıq

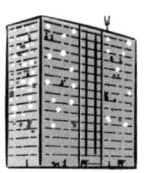

кватэра
fatir

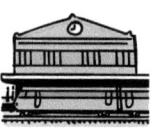

чыгуначная станцыя
stansa

ратуша
şəhər xakimiyətе

музей
yədkərxanə

школа
məktəp

горад - şəhər

універсітэт

universitə

банк

bank

шпіталь

xastaxanə

гатэль

qunaqxanə

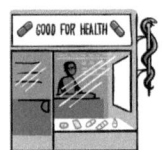

аптэка

daruxanə

офіс

ofis

кнігарня

kitap kibete

крама

kibet

кветкавая крама

çəçək kibete

супермаркет

supermarket

кірмаш

bazar

універмаг

zur kibet

рыбная крама

balıq kibete

гандлевы цэнтр

səwdə üzəge

порт

liman

парк

park

лава

eskəmiyə

мост

küper

лесвіца

basqıç

метро

metro

тунэль

tunnel

прыпынак

awtobus tuqtalışı

бар

bar

рэстаран

restoran

паштовая скрыня

yamıl tartması

вулічны паказальнік

uram bilgese

паркамат

parking sanağıçı

заапарк

xaywan baqçası

басейн

xəwezxanə

мячэць

məçet

сядзіба

çeftlek

забруджванне
навакольнага асяроддзя

kerlelek

могілкі

zirat

царква

çirkəw

пляцоўка для гульні

uyın alanı

храм

ğibädätxanä

краявід

tirə-yün

ліст
yafraq

паказальнік
yul kürsətkeçe

дарога
yul

луг
bolın

камень
taş

падарожнік
yöreşçe

дрэва
ağaç

рака
yılğa

трава
ülən

кветка
çəçək

даліна

üzən

гара

qalqulıq

возера

kül

лес

urman

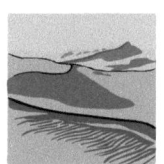

пустыня

çül

вулкан

yanartaw

замак

nığıtma

вясёлка

salawat küpere

грыб

gömbə

пальма

palma

камар

çerki

муха

çeben

мурашка

qırmısqa

пчала

bal qortı

павук

ürməküç

жук

qoñğız

жаба

baqa

вавёрка

tiyen

вожык

kerpe

заяц

quyan

сава

yabalaq

птушка

qoş

лебедзь

aqqoş

дзік

qaban duñğızı

алень

bolan

лось

poşıy

плаціна

tuan

вятрак

cir turbinı

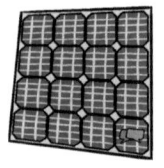

сонечная батарэя

qoyaş panele

клімат

iqlim

рэстаран
restoran

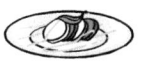

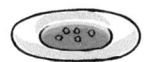

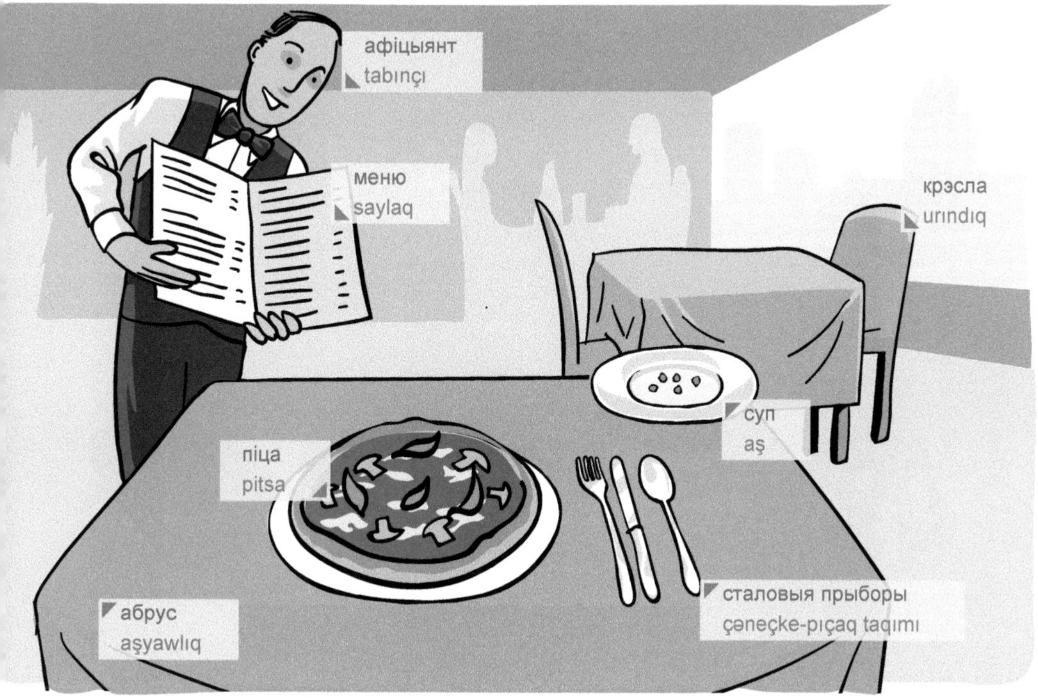
афіцыянт
tabınçı
меню
saylaq
крэсла
urındıq
суп
aş
піца
pitsa
абрус
aşyawlıq
сталовыя прыборы
çəneçke-pıçaq taqımı

закуска

qabımlıq

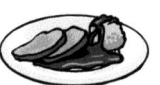

другая страва

töp aşamlıq

дэсерт

tatlı

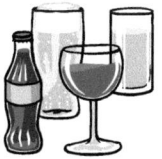

напоі

eçemleklər

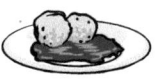

ежа

azıq

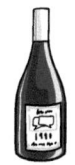

бутэлька

şeşə

хуткае харчаванне (фаст-
фуд)

fastfud

стрыт-фуд

uram rizığı

імбрык (чайнік)

çəygün

цукарніца

şikər sawıtı

порцыя

salım

эспрэса-машына

espresso maşını

дзіцячае крэселка

biyek urındıq

рахунак

xisap

паднос

töger

нож

pıçaq

відэлец

çəneçke

лыжка

qaşıq

чайная лыжка

çəy qaşığı

сурвэтка

tastımal

шклянка

tustağan

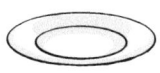

талерка

tabaq

супавая талерка

aş tabağı

сподак

cəypək

соус

sous

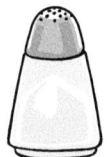

сальніца

toz sawıtı

млынок для перцу

borıç tegerməne

воцат

serkə

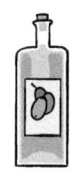

алей

sıyıq may

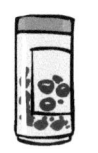

спецыі

təmlətkeç

кетчуп

ketçup

гарчыца

xərdəl

маянэз

mayonez

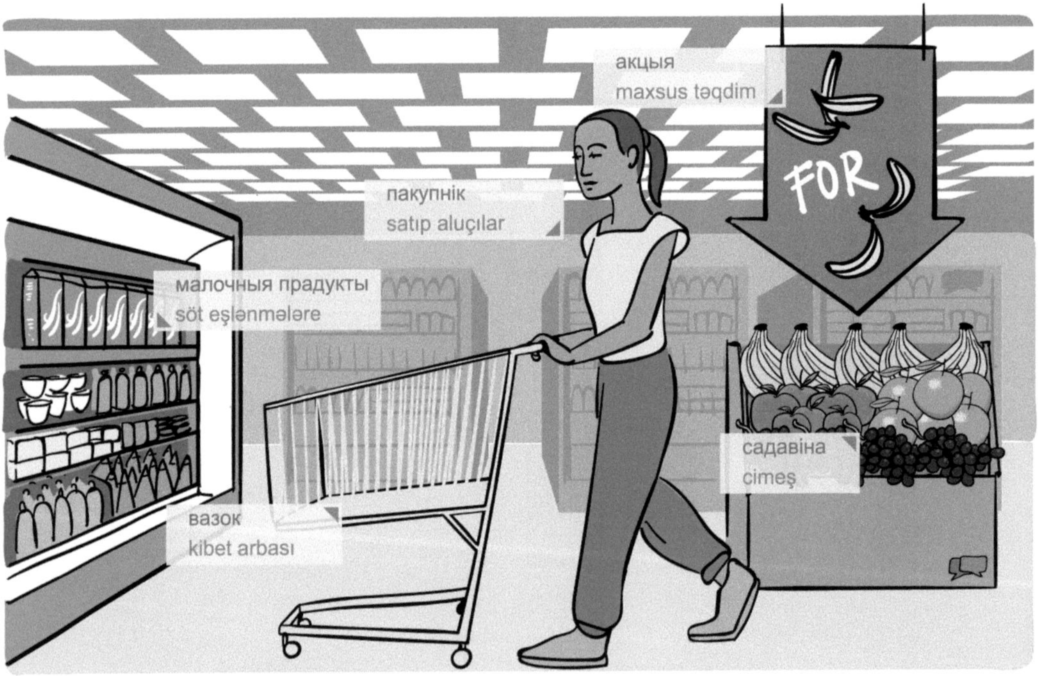

акцыя
maxsus təqdim

пакупнік
satıp aluçılar

малочныя прадукты
söt eşlənmələre

FOR

садавіна
cimeş

вазок
kibet arbası

мясная крама
....
it kibete

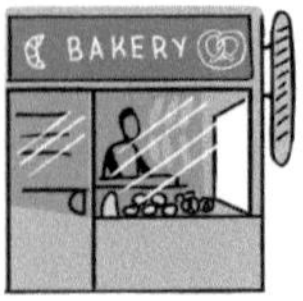

хлебны магазін
....
ikməkxanə

важыць
....
ülçəw

гародніна
....
yəşelçə

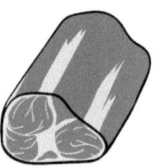

мяса
....
it

свежазамарожаныя
прадукты
tuñdırılğan aşamlıqlar

нарэзка

suıq it

кансервы

kənsirləngən aşamlıq

пральны парашок

ker tuzı

прысмакі

şikərləmələr

хатнія прылады

öy eşlənmələre

чысцячы сродак

təmizlek eşlənmələre

прадавец

satuçı

каса

yazuçı kassa

касір

kassir

спіс пакупак

satıp alu isemlege

гадзіны працы

eş waqıtı

бумажнік

qalta

крэдытная картка

kredit kərte

сумка

buqça

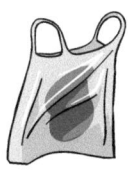

пакет

plastik qapçıq

вада
su

сок
sut

малако
söt

кола
kola

віно
şərəb

піва
sıra

алкаголь
xəmer

какава
kakao

гарбата (чай)
çəy

кава
qəhwə

эспрэса
espresso

капучына
kapuçino

банан

banan

яблык

alma

апельсін

əflisun

дыня

qarbız

лімон

limon

морква

kişer

часнок

sarımsaq

бамбук

bambu

цыбуля

suğan

грыб

gömbə

арэхі

çikləweklər

локшына

toqmaç

спагеці

spagetti

рыс

döge

салата

salat

бульба фры

çips

смажаная бульба

qızdırılğan bərəñge

піца

pitsa

гамбургер

hamburger

бутэрброд

sandwiç

шніцаль

kətlit

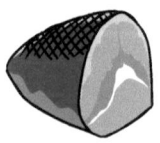

вяндліна

ветчина

салямі

salami

каўбаса

sosis

курыца

tawıq ite

смажаніна

qızdırma

рыбак

balıq

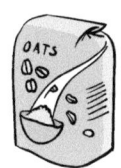

аўсяныя камякі

solı izməse

мюслі

müsli

кукурузныя шматкі

məkkəy keterdege

мука

on

круасан

kruassan

булачка

ipi tügərəge

хлеб

ikmək

тост

tost

пячэнне

kətərməç

масла

may

тварог

eremçek

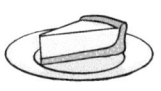

пірог

kəyk

яйка

yomırqa

яечня

təbə

сыр

pəynir

марожанае

tuñdırma

цукар

şikər

мёд

bal

варэнне

qaynatma

нуга

şokolad izməse

кары

karri

сядзіба
çeftlek

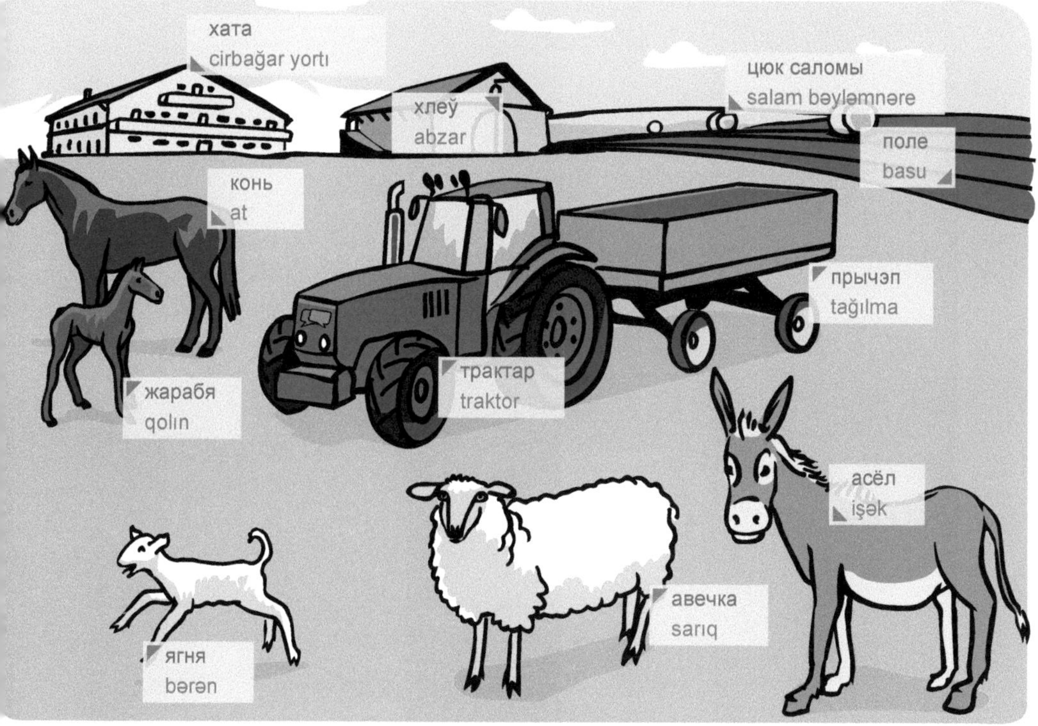
хата
cirbağar yortı
цюк саломы
salam bəyləmnərə
хлеў
abzar
поле
basu
конь
at
прычэп
tağılma
трактар
traktor
жарабя
qolın
асёл
işək
авечка
sarıq
ягня
bərən

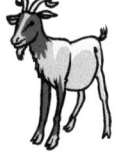

каза
kəcə

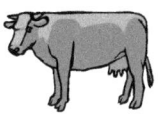

карова
sıyır

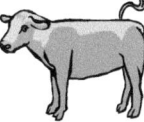

цяля
bozaw

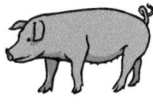

свіння
duñğız

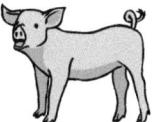

парася
duñğız balası

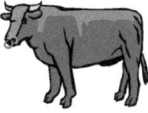

бык
ügez

гусак

qaz

качка

ürdək

кураня

çebi

курыца

tawıq

певень

ətəç

пацук

küse

кот

pesi

мыш

tıçqan

вол

eş ügeze

сабака

et

сабачая будка

et oyası

садовы шланг

baqça xortumı

палівачка

susipkeç

каса

çalğı

плуг

saban

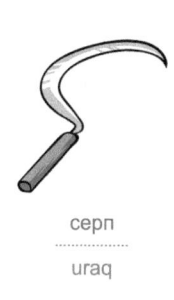

серп

uraq

матыка

kitmən

вілы для гною

sənək

сякера

balta

тачка

qul arbası

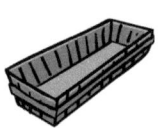

карыта

tağaraq

бітон для малака

söt çiləge

мех

qapçıq

плот

qoyma

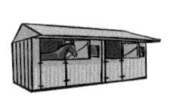

хлеў

abzar

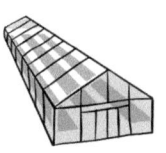

цяпліца

essexanə

глеба

tufraq

насенне

orlıq

угнаенне

aşlama

камбайн

kombayn

збіраць ураджай

uñış cıyarğa

ураджай

uñış

ямс

yam

пшаніца

boday

соя

soya

бульба

bərəñge

кукуруза

məkkəy

рапс

raps

садовае дрэва

cimeş ağaçı

маніёк

manyok

збожжа

börteklelər

дом

yort

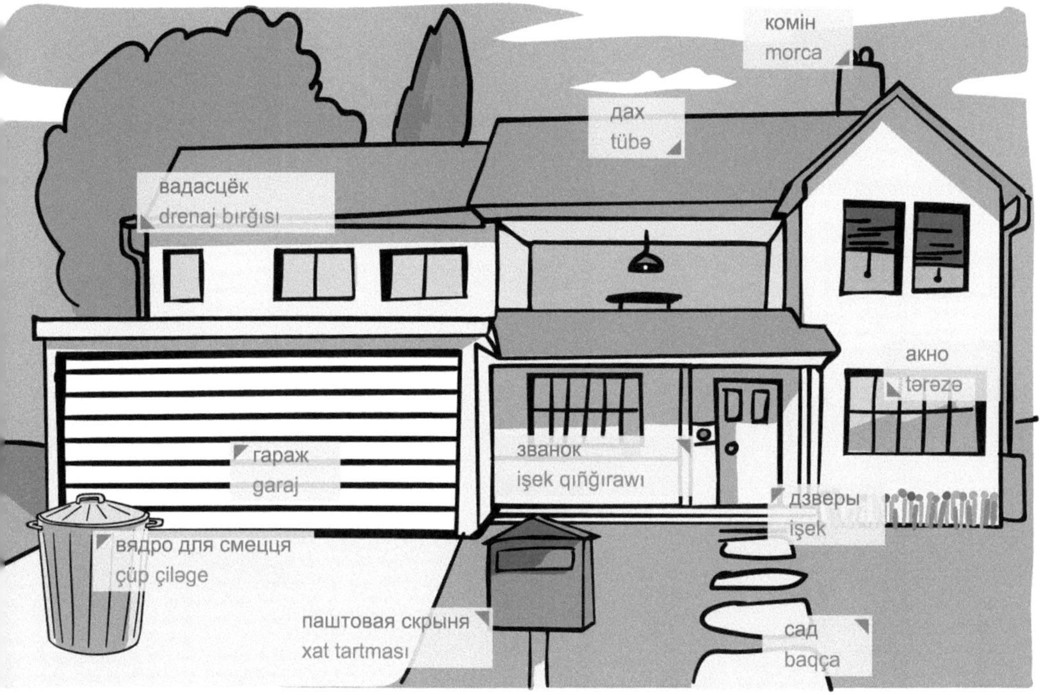
комін
morca
дах
tübə
вадасцёк
drenaj bırğısı
акно
tərəzə
гараж
garaj
званок
işek qıñğırawı
дзверы
işek
вядро для смецця
çüp çiləge
паштовая скрыня
xat tartması
сад
baqça

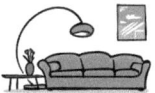

жылы пакой

qunaq bülməse

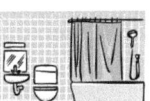

ванная

yuınu bülməse

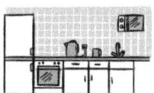

кухня

aş bülməse

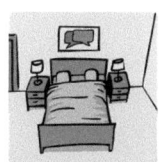

спальны пакой

yataq bülməse

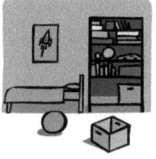

дзіцячы пакой

bala bülməse

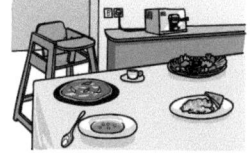

сталоўка

aş bülməse

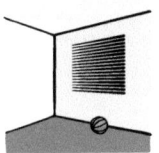

падлога
idän

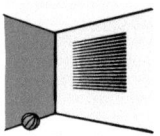

сцяна
diwar

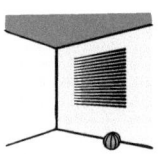

столь
tüşəm

падвал
tülə

саўна
sawna

балкон
balkon

тэраса
teras

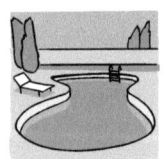

басейн
xəwez

касілка
çirəmçapqıç

падкоўдранік
cəymə

коўдра
yataq yapması

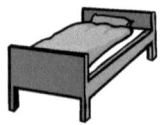

ложак
yataq

венік
seberke

вядро
çilək

выключальнік
özgeç

жылы пакой
qunaq bülməse

шпалеры
diwar kəğəze
малюнак
rəsem
лямпа
lampa
паліца
kiştə
шафа
dulap
тэлевізар
televiziyə
камін
çual
кветка
çəçək
падушка
mendər
канапа
diwan
ваза
nəlbək
пульт
yıraqtan boyırma

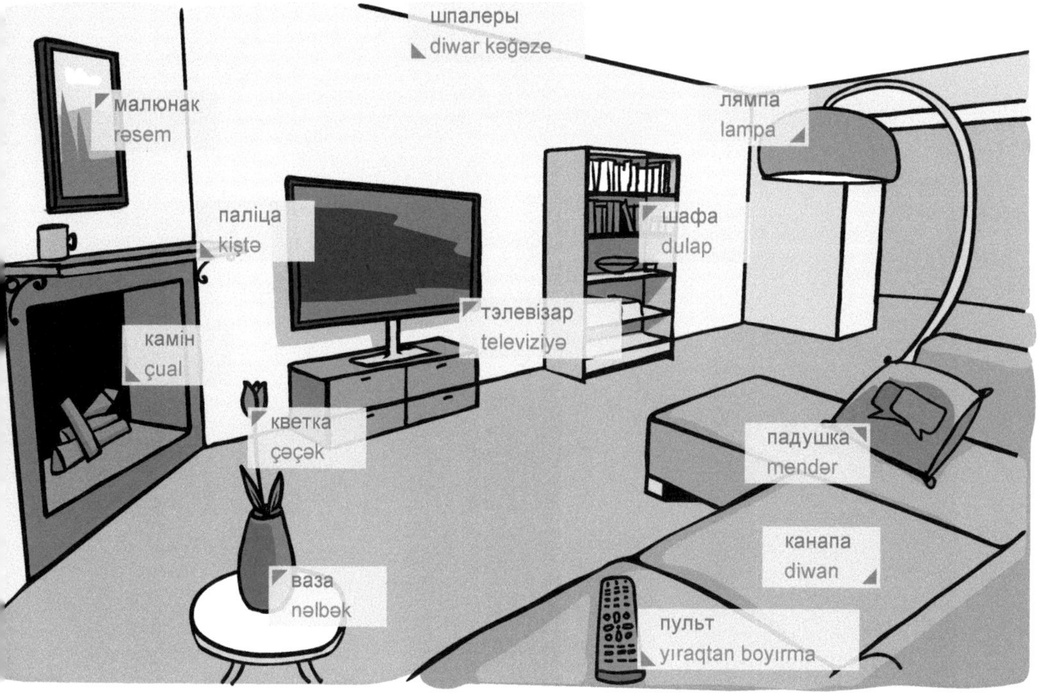

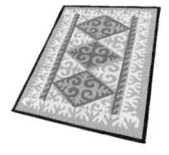

дыван
keləm

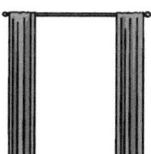

фіранка
pərdə

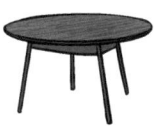

стол
östəl

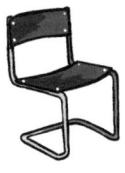

крэсла
urındıq

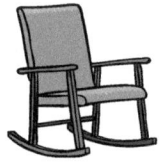

крэсла-качалка
tirbəlmə urındıq

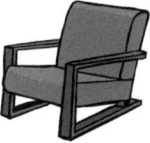

крэсла
kənəfi

кніга

kitap

коўдра

yapma

дэкарацыя

dekor

дровы

utın

кіно

film

стэрэасістэма

hi-fi

ключ

açqıç

газета

gəcit

карціна

sürət

постар

poster

радыё

radio

нататнік

quyın dəftəre

пыласос

tuzansuırğıç

кактус

kaktus

свечка

şəm

кухня
aş bülməse

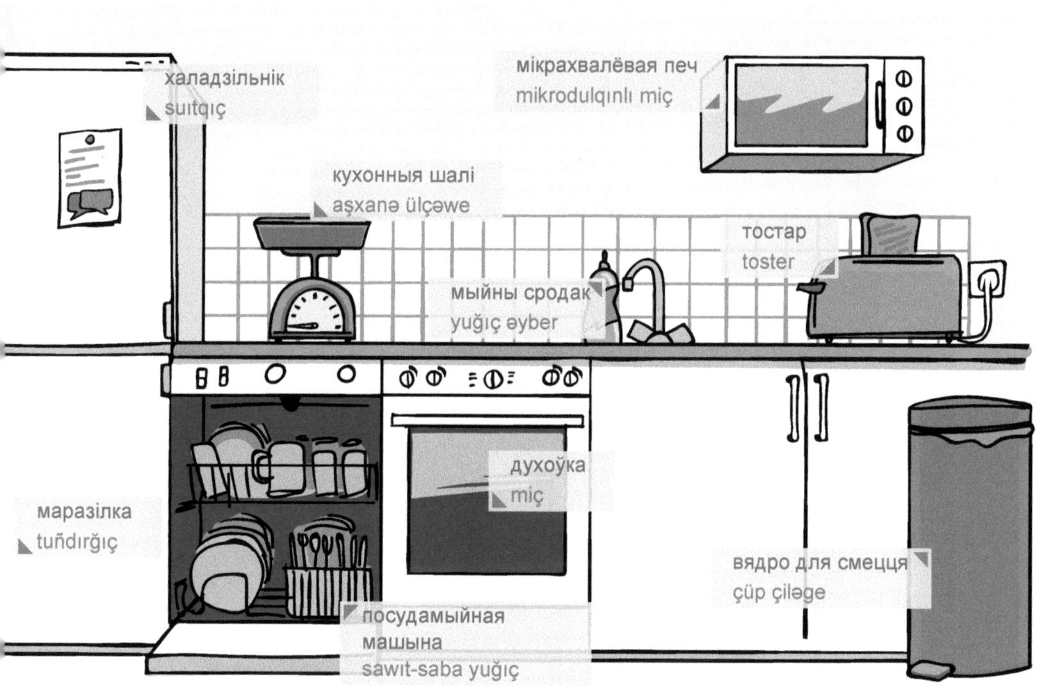

халадзільнік
suıtqıç
мікрахвалёвая печ
mikrodulqınlı miç
кухонныя шалі
aşxanə ülçəwe
тостар
toster
мыйны сродак
yuğıç əyber
духоўка
miç
маразілка
tuñdırğıç
вядро для смецця
çüp çiləge
посудамыйная
машына
sawıt-saba yuğıç

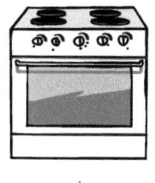

пліта

əwsək

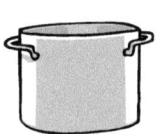

рондаль

sağan

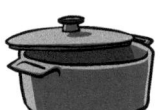

чыгунок

çuyın sağan

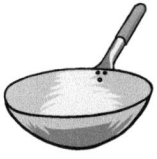

Вок / кадаі

wok

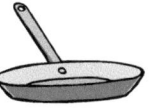

патэльня

taba

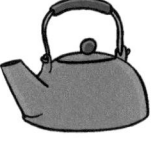

чайнік

çəygün

параварка

bulı peşergeç

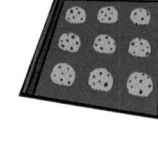

бляха

qalay

посуд

sawıt-saba

кубак

təgəç

міска

kəsə

палачкі для ежы

aşaw tayaqçıqları

чарпак

ucaw

лапатачка

spatula

збівалка

tuğlağıç

сіта для варэння

sözgeç

сіта

ilək

тарка

qırğıç

ступка

kile

грыль

barbekü

вогнішча

açıq uçaq

дошка

taqta

качалка

uqlaw

штопар

böke suırğıç

бляшанка

metal tartma

адкрывалка

kənsir açqıç

прыхваткі

miç biyələye

ракавіна

kirşən

шчотка

fırça

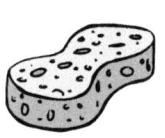

губка

bolıt

міксер

blender

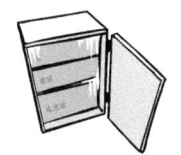

маразільная камера

tirən tuñdırğıç

бутэлечка

imezlekle şeşə

вадаправодны кран

çömək

ванная

yuınu bülməse

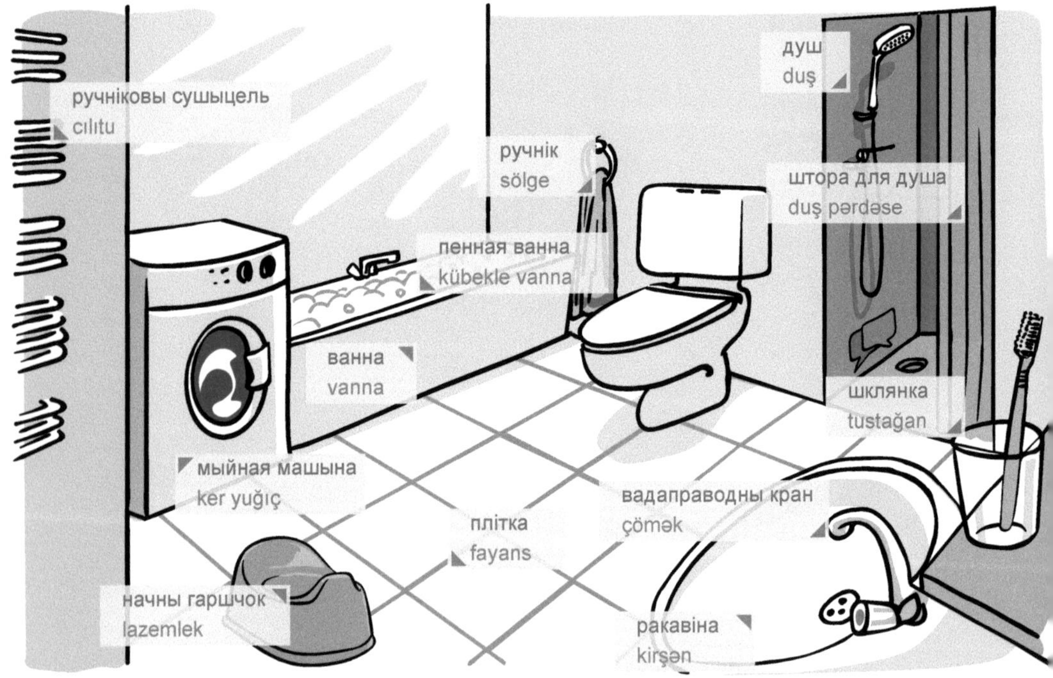

ручніковы сушыцель
cılıtu
душ
duş
ручнік
sölge
штора для душа
duş pərdəse
пенная ванна
kübekle vanna
ванна
vanna
шклянка
tustağan
мыйная машына
ker yuğıç
вадаправодны кран
çömək
плітка
fayans
начны гаршчок
lazemlek
ракавіна
kirşən

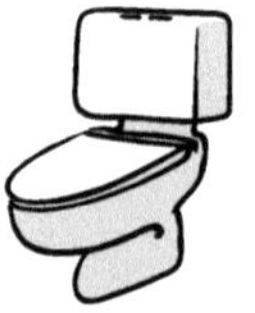

туалет

bədrəf

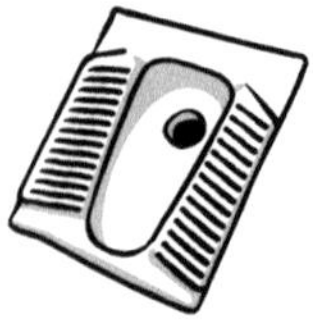

падлогавы ўнітаз

törekçə bədrəf

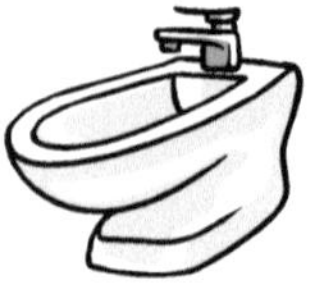

бідэ

bide

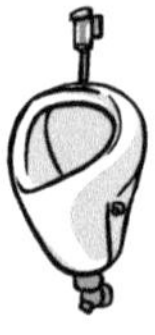

пісуар

pissuar

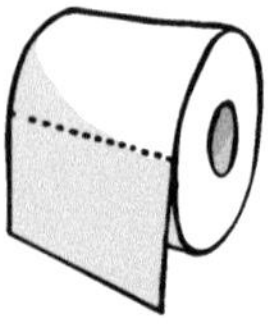

туалетная папера

bədrəf kəğəze

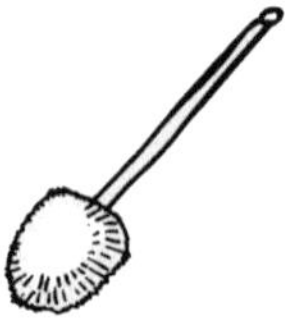

шчотка для чысткі ўнітаза

bədrəf fırçası

зубная шчотка

teş fırçası

зубная паста

teş məğcüne

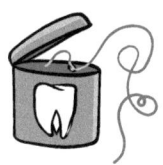

зубная нітка

teş cebe

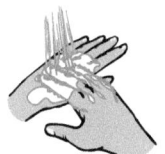

мыць

yuarğa

ручны душ

duş başlığı

інтымны душ

duş

умывальнік

kirşən

шчотка для спіны

arqa fırçası

мыла

sabın

гель для душа

duş señəle

шампунь

şampun

вяхотка

munçala

вадасцёк

ağım

крэм

krem

дэзадарант

dezodorant

люстэрка

közge

касметычнае люстэрка

qul közgese

станок для галення

östərə

пена для галення

qırınu kübege

ласьён пасля галення

qırınu losyonı

грэбень

taraq

шчотка

fırça

фен

fön

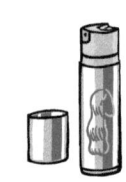

лак для валасоў

çəç sprəye

касметыка

makiyaj

памада

iren innege

лак для пазногцяў

tırnaq cələse

вата

mamıq

манікюрныя нажніцы

tırnaq qayçısı

духі

xuşbuy

касметычка

makiyaj buqçası

табурэтка

utırğıç

вагі

ülçəw

лазневы халат

çoba

санітарныя пальчаткі

rezin iləsə

тампон

tampon

гігіенічныя пракладкі

higiyenik pəd

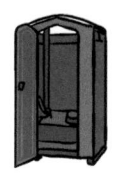

біятуалет

kimiyəwi bədrəf

дзіцячы пакой
bala bülməse

будзільнік
uyatqıç səğət
мяккая цацка
yomşaq uyınçıq
цацачная машынка
uyınçıq maşina
бразготка
şaltırawıq
лялечны домік
qurçaq yortı
падарунак
büləĸ

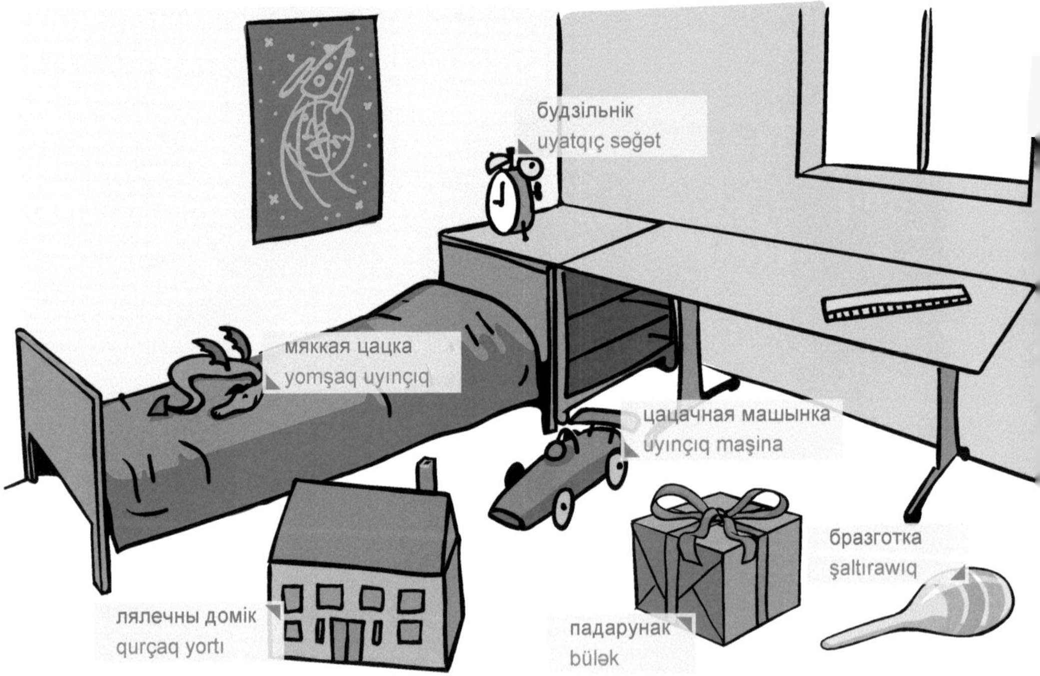

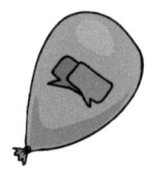

надзіманы шарык

hawa şarı

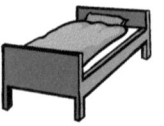

ложак

yataq

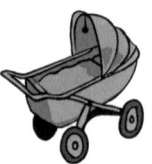

дзіцячая каляска

bəbi arbası

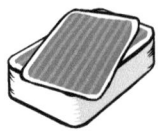

калода картаў

kərt dəstəse

пазл

pazl

SUPER MEGA

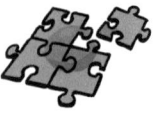

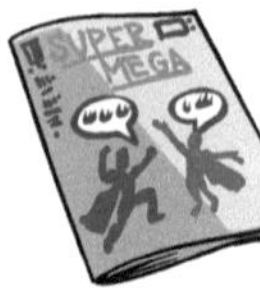

комікс

komiks

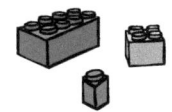

канструктар "Лега"

lego kirpeçləre

канструктар

şaqmaqlar

экшэн-фігурка

uyın sınçığı

дзіцячы гарнітур

zıbın

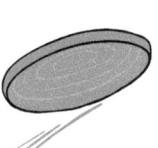

фрызбі

frisbi

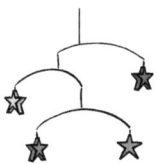

дзіцячы мабіль

mobil

настольная гульня

östəl uyını

кубік

uyın taşı

дзіцячая чыгунка

trən modele cıyılması

пустышка

imezlek

дзіцячае свята

kiçə

кніга з малюнкамі

rəsemle kitap

мячык

tup

лялька

qurçaq

гуляцца

uynarğa

пясочніца

qomlıq

арэлі

tağan

цацкі

uyınçıqlar

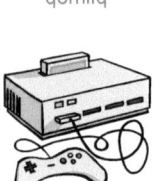

гульнявая відэа прыстаўка

uyın quşması

трохколавы ровар

öç köpçəkle səpid

плюшавы мішка

uyınçıq ayu

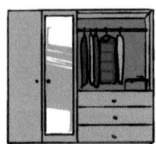

шафа

kiyem dulabı

адзенне
kiyem

шкарпэткі

oyıqbaş

панчохі

oyıq

калготкі

oyığıştan

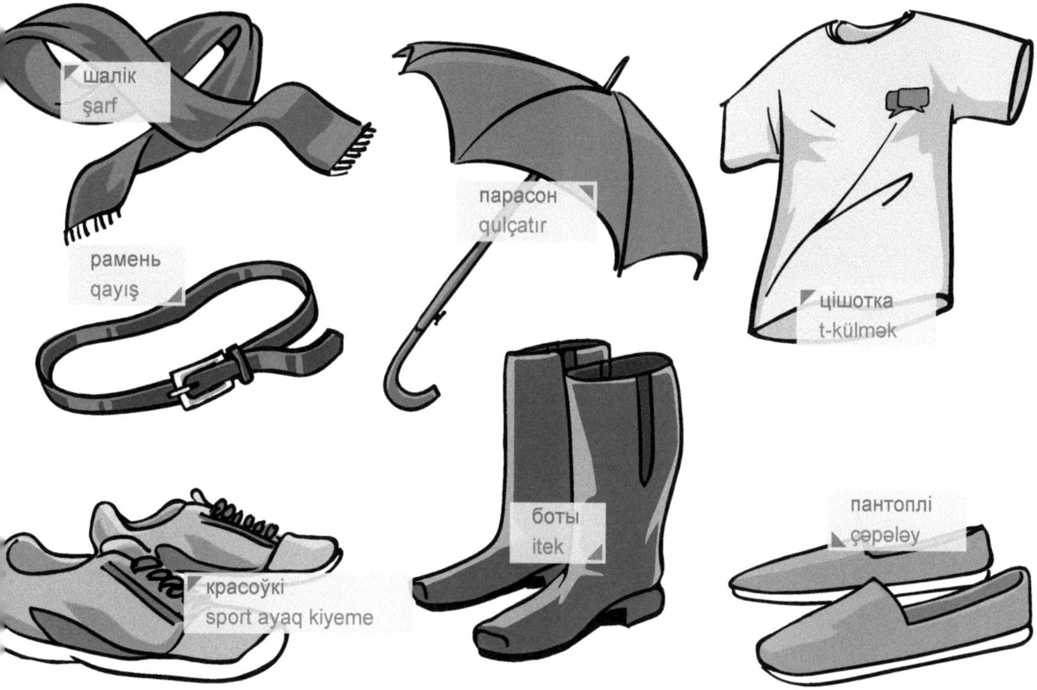

шалік
şarf

рамень
qayış

парасон
qulçatır

цішотка
t-külmək

красоўкі
sport ayaq kiyeme

боты
itek

пантоплі
çəpələy

сандалі
....
sandallar

абутак
....
ayaq kiyeme

гумовыя боты
....
rezin itek

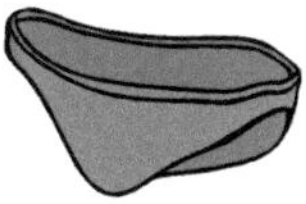

трусы
....
tənban

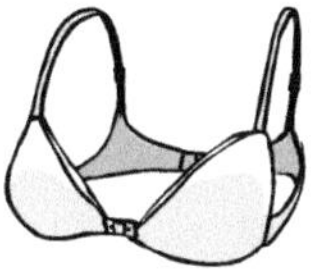

бюстгальтар
....
tüşti

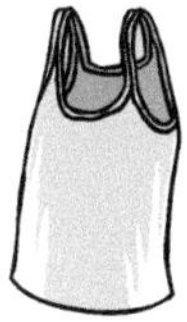

майка
....
cələk

бодзі

bodi

штаны

çalbar

джынсы

jins

спадніца

itək

блузка

bluz

кашуля

külmək

джэмпер

sviter

талстоўка

hudi

блэйзер

bleyzer

куртка

jaket

паліто

bişmət

дажджавік

yañğırlıq

касцюм

kəçtüm

сукенка

külmək

вясельная сукенка

tuy külməge

касцюм

taqım kiyem

начная сарочка

tönge külmәk

піжама

pijama

сары

sari

хустка

yawlıq

цюрбан

çalma

паранджа

burqa

каптан

çapan

Абая

abaya

купальнік

qoyınu kiyeme

плаўкі

yözü tənbanı

шорты

şort

спартыўны касцюм

sport kiyeme

фартух

alyapqıç

пальчаткі

iləsə

гузік

töymə

акуляры

küzlek

бранзалет

beləzek

каралі

muyınsa

кальцо

baldaq

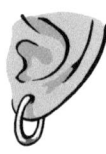

завушніца

alqa

кепка

kəpəç

вешалка

elgeç

капялюш

eşləpə

гальштук

muyınbaw

маланка

zıncır

шлем

oçlam

падцяжкі

çalbar asması

школьная форма

məktəp forması

уніформа

forma

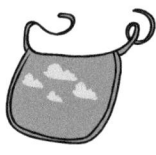

нагруднік

balalar kükrəkçəse

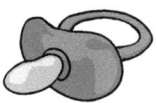

пустышка

imezlek

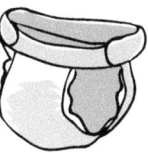

падгузнік

küzələ

офіс

ofis

сервер
server
канцылярская шафа
buma dulabı
прынтэр
basaq
папера
kəğəz
манітор
kürək
мыш
tıçqan
пісьмовы стол
östəl
тэчка
buma
клавіятура
töyməsar
смеццевы кошык
çüp qəğəz çiləge
кампутар
sanaq
крэсла
urındıq

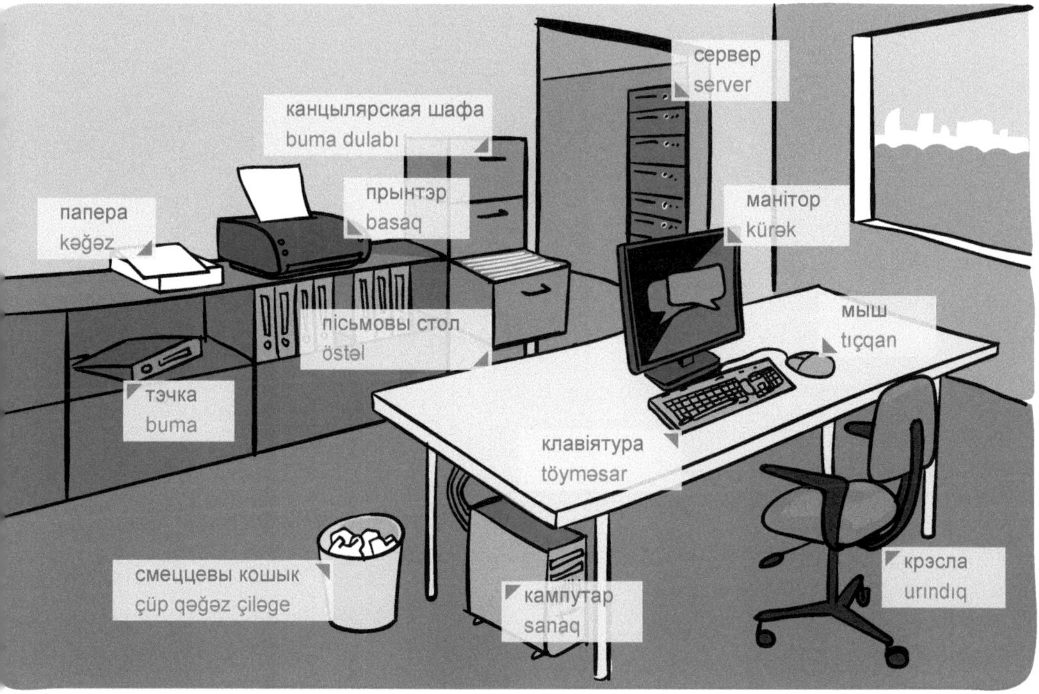

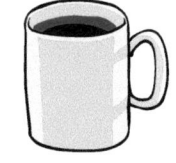

кубак для кавы (філіжанка)

qəhwə təgəçe

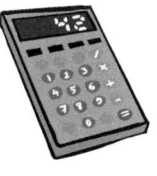

калькулятар

sansanar

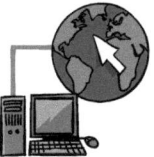

інтэрнэт

internet

ноўтбук

ləptop

ліст

xat

паведамленне

xəbər

мабільны тэлефон

kesə telefonı

сетка

çeltər

ксеракс

fotokopyaçı

праграмнае забеспячэнне

program təminatı

тэлефон

telefon

разетка

ayırğıç

факс

faks

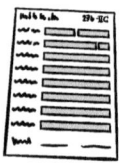

фармуляр

form

дакумент

dokument

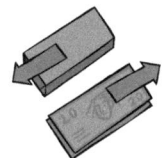

купляць

satıp alırğa

плаціць

tülərgə

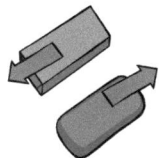

гандляваць

səwdə itərgə

грошы

aqça

USD

долар

dollar

EUR

еўра

euro

JPY

ена

yen

RUB

рубель

sum

CHF

франк

frank

CNY

кітайскі юань

yuan

INR

рупія

rupi

банкамат

bankomat

абменны пункт

valüta bürosı

золата

altın

срэбра

kömeş

нафта

qaramay

энергія

energiyə

цана

bəyə

кантракт

kontrakt

падатак

salım

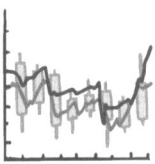

акцыя

stok

працаваць

eşlərgə

служачы

eşçe

працадаўца

eş birüçe

фабрыка

fabrika

крама

kibet

прафесіі
hönərlər

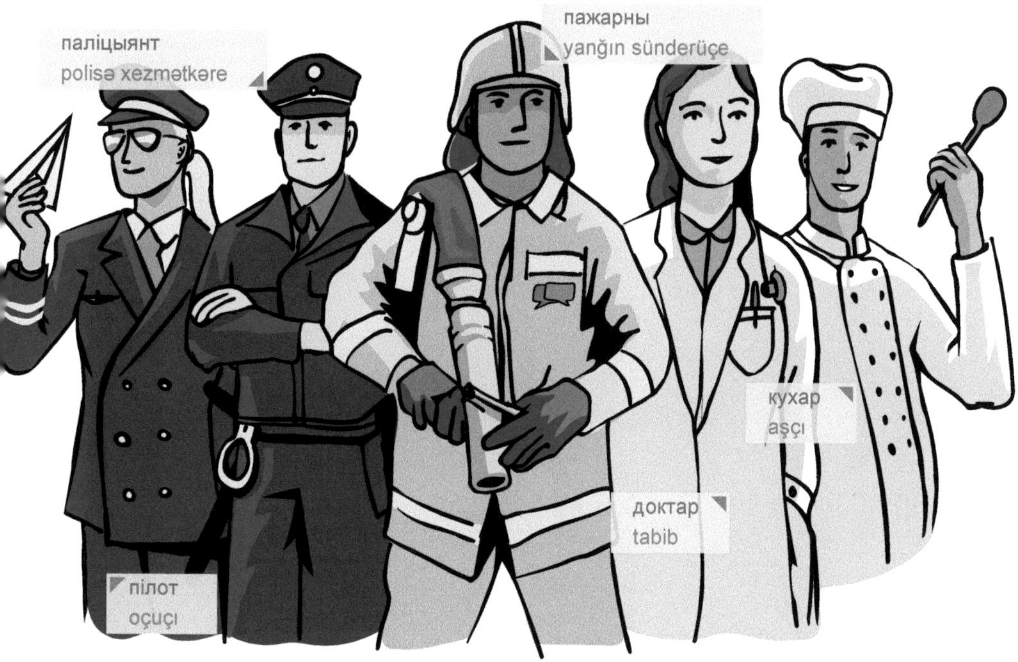
паліцыянт
polisə xezmətkəre
пажарны
yanğın sünderüçe
кухар
aşçı
доктар
tabib
пілот
oçuçı

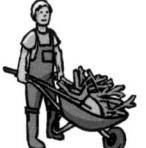

садоўнік

baqçaçı

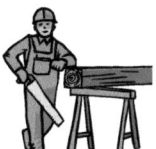

слесар

ağaç ostası

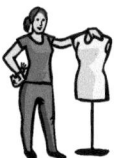

швачка

tegüçe

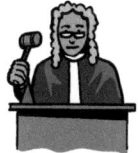

суддзя

xökemçe

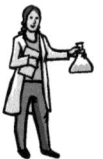

хімік

kimiyəçe

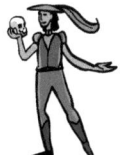

артыст

aktor

кіроўца аўтобуса

awtobus yörtüçe

таксіст

taksiçe

рыбак

balıqçı

прыбіральшчыца

cıyıştıruçı xatın

страхар

tübə yabuçı

афіцыянт

tabınçı

паляўнічы

awçı

мастак

rəssam

пекар

ikməkçe

электрык

elektrçi

будаўнік

tözüçe

інжынер

möhəndis

мяснік

itçe

сантэхнік

çöməkçe

паштальён

yamılçı

салдат

ğəskəri

архітэктар

miğmar

касір

kassir

фларыст

çəçəkçe

цырульнік

çəçtaraş

кандуктар

konduktor

механік

mekanik

капітан

kapitan

стаматолаг

teş tabibı

вучоны

ğalim

рабін

rabbi

імам

imam

манах

kəşiş

святар

ruxani

інструменты
ələtlər

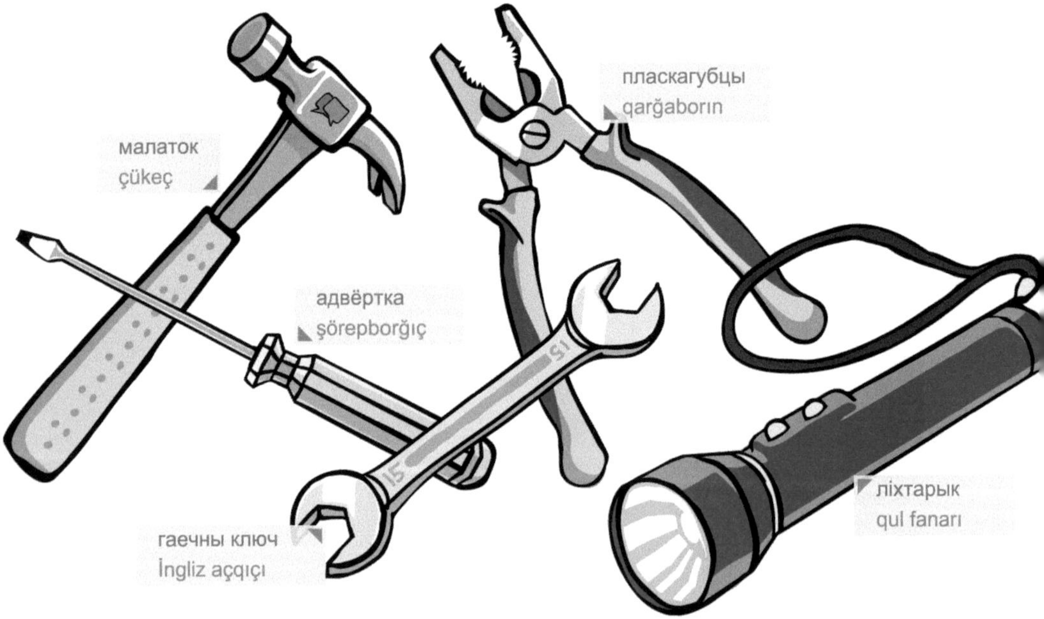
малаток
çükeç
пласкагубцы
qarğaborın
адвёртка
şörepborğıç
гаечны ключ
İngliz açqıçı
ліхтарык
qul fanarı

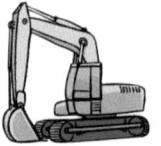

экскаватар

qazu maşinası

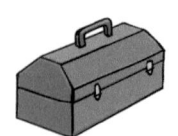

скрыня для інструментаў

ələt buqçası

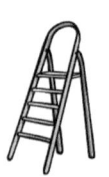

дравіны

basqıç

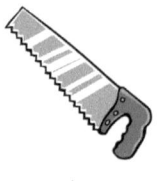

піла

pıçqı

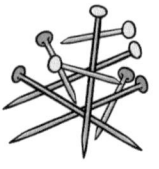

цвікі

qadaqlar

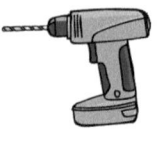

дрыль

dril

рамантаваць

tözətergə

рыдлеўка

körək

Халера!

Şaytan alğırı!

шуфлік для смецця

sosqı

вядро з фарбаю

buyaw sawıtı

балты

mıqlar

музычныя інструменты
muzıka alətləre

калонкі
tawış köçəytkeç

ударны інструмент
dawılbaz taqımı

гітара
gitar

кантрабас
kontrabas

труба
bırğı

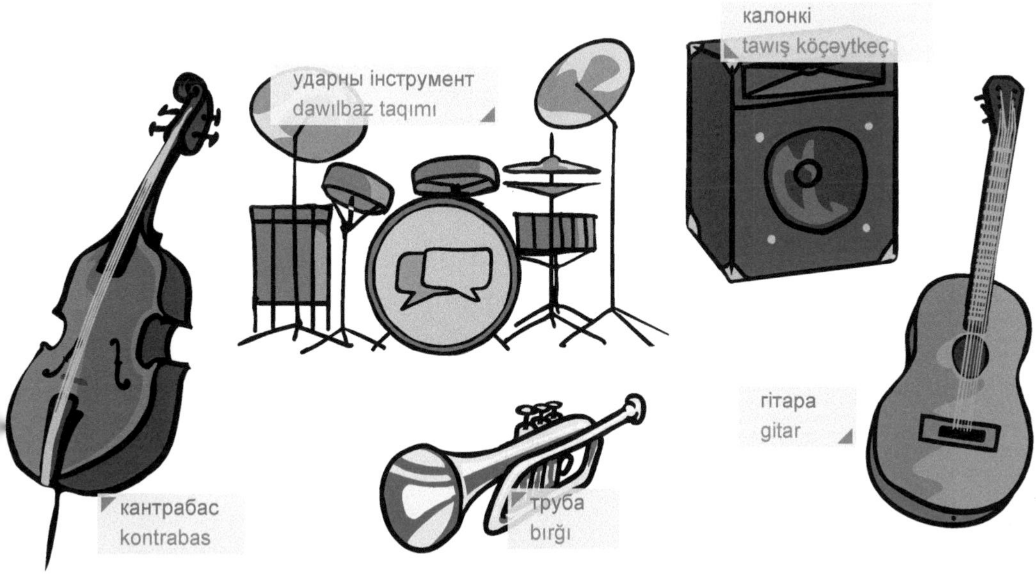

піяніна

piano

скрыпка

kəmən

басгітара

bas gitar

літаўры

timpani

барабан

dawılbaz

клавішны электрамузычны
інструмент

töyməsar

саксафон

saksofon

флейта

flüt

мікрафон

mikrofon

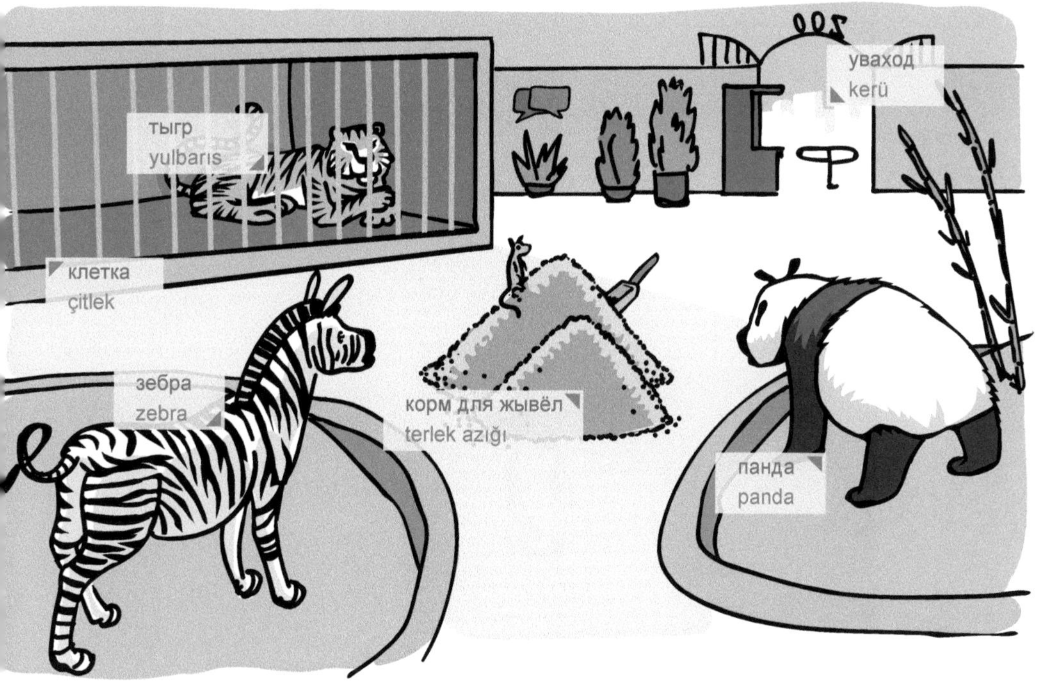

уваход
kerü

тыгр
yulbarıs

клетка
çitlek

зебра
zebra

корм для жывёл
terlek azığı

панда
panda

жывёлы

xaywannar

слон

fil

кенгуру

köngerə

насарог

kərkədən

гарыла

gorilla

мядзведзь

ayu

вярблюд

döyə

стравус

təwə qoşı

леў

arıslan

малпа

maymıl

фламінга

flamingo

папугай

tutıy qoş

белы мядзведзь

aq ayu

пінгвін

pingwin

акула

küpek balığı

паўлін

tawis

змяя

yılan

кракадзіл

timsax

наглядчык заапарка

xaywan baqçası
xezmətkəre

цюлень

suete

ягуар

yaguar

поні

poni

леапард

qaplan

бегемот

su ayğırı

жыраф

zörəfə

арол

börket

дзік

qaban duñğızı

рыбак

balıq

чарапаха

taşbaqa

морж

morşa

ліса

tölke

газель

ğəzəl

амерыканскі футбол
Amerika futbolı

веласпорт
səpid

тэніс
tennis

баскетбол
basketbol

плаванне
yözü

бокс
boks

хакей з шайбай
xokkey

футбол
futbol

бадмінтон
badminton

лёгкая атлетыка
atletika

гандбол
handbol

горныя лыжы
çañğı

пола
polo

дзейнасць
itkenleklər

скакаць
sikerergə
абдымаць
qoçaqlarğa
смяяцца
kölərgə
ісці
yörergə
спяваць
cırlarğa
марыць
xıyallanırğa
маліцца
ğibədət qılırğa
цалаваць
übərgə

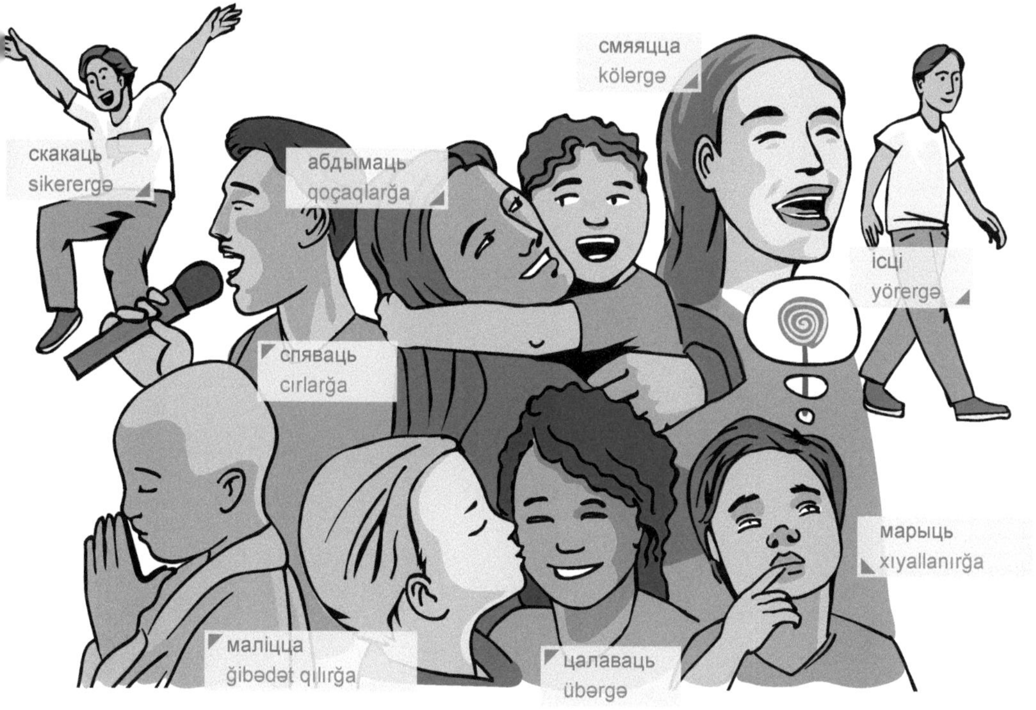

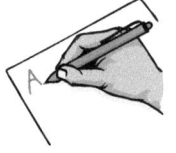

пісаць
yazarğa

маляваць
rəsem yasarğa

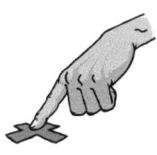

паказваць
kürsətergə

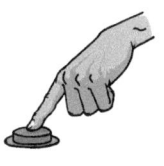

націснуць
etərgə

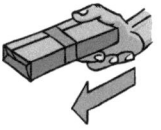

даваць
birergə

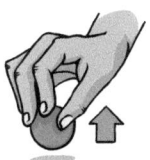

браць
alırğa

маць

iyə bulırğa

выконваць

eşlərgə

быць

bulırğa

стаяць

basıp torırğa

бегчы

yögerergə

цягнуць

tartırğa

кідаць

taşlarğa

падаць

yığılırğa

ляжаць

yatarğa

чакаць

kötərgə

насіць

taşırğa

сядзець

utırırğa

апранацца

kiyenergə

спаць

yoqlarğa

прачынацца

uyanırğa

глядзець
qararğa

плакаць
yılarğa

лашчыць
sıyparğa

прычэсвацца
tararğa

гаварыць
söyləşergə

разумець
añlarğa

пытаць
sorarğa

чуць
tıñlarğa

піць
eçərgə

есці
aşarğa

прыбіраць
sıyıştırınırğa

кахаць
söyərgə

гатаваць
peşerergä

ехаць
sörergə

лятаць
oçarğa

дзейнасць - itkenleklər

плаваць пад ветразем

diñgezgä açılu

лічыць

isäpläw

чытаць

uqırğa

вучыць

öyränergä

працаваць

eşlärgä

уступаць у шлюб

öylänergä

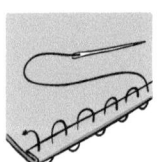

шыць

tegärgä

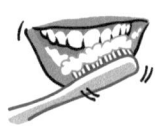

чысціць зубы

teş fırçalarğa

забіваць

üterergä

курыць

tämäke tartırğa

пасылаць

cibärergä

бабуля
əbi

дзядуля
babay

бацька
ata

маці
ana

дзіця
sabıy

дачка
qız

сын
ul

госць

qunaq

цётка

apa

дзядзька

abıy

брат

abıy / ene

сястра

apa / señel

цела

tən

лоб
mañğay
вока
küz
плячо
iñbaş
палец
barmaq
твар
bit
падбародак
iyək
рука
qul çuğı
нага
ayaq
грудзі
kükrək
рука
qul

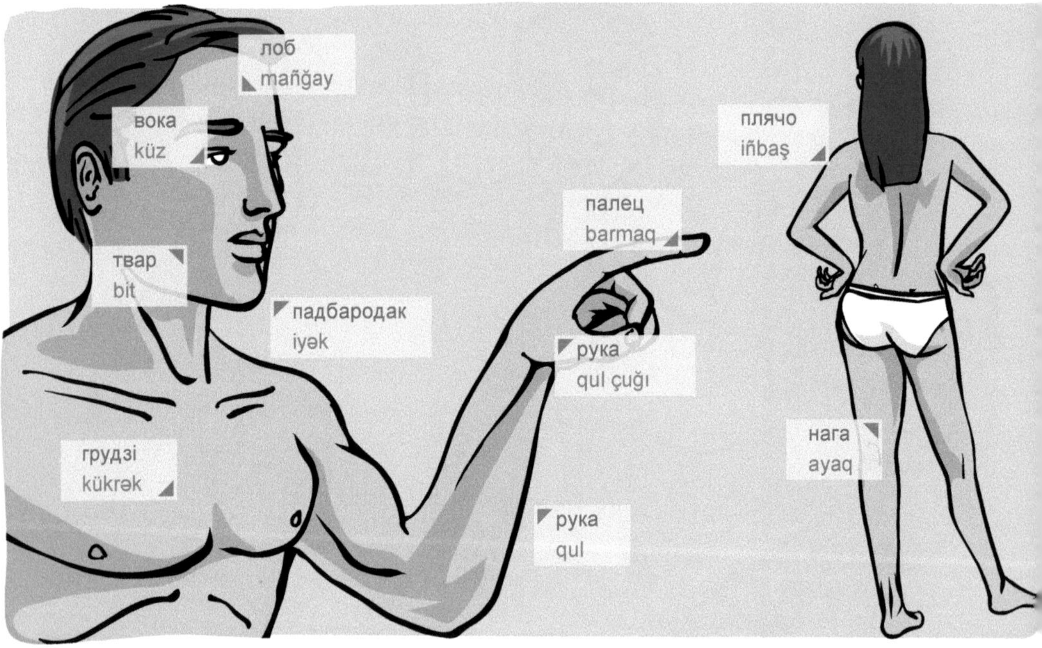

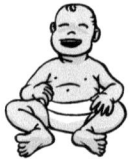

дзіця

sabıy

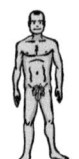

мужчына

ir

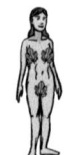

жанчына

xatın

дзяўчынка

qız

хлопчык

malay

галава

baş

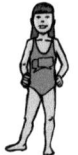

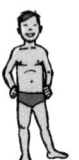

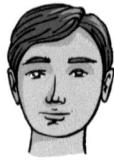

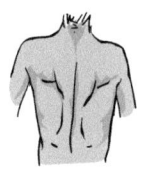

спіна

arqa

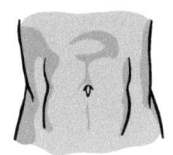

жывот

eç

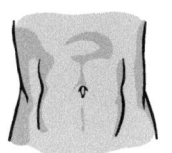

пуп

kendek

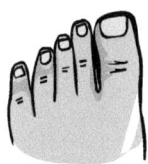

палец нагі

ayaq barmağı

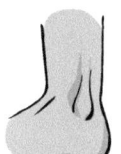

пятка

ükçə

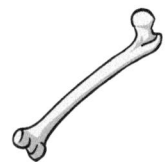

костка

söyək

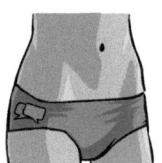

бядро

bot

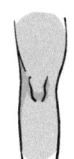

калена

tez

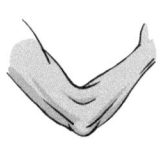

локаць

tersək

нос

borın

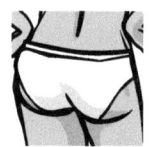

ягадзіца

art san

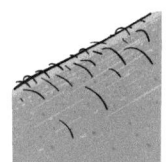

скура

tire

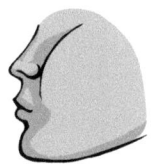

шчака

yañaq

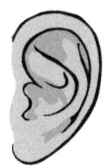

вуха

qolaq

губа

iren

цела - tən

рот

awız

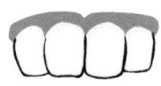

зуб

teş

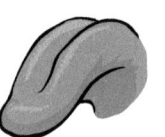

язык

tel

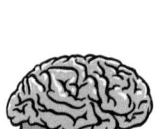

галаўны мозг

mi

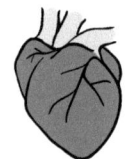

сэрца

yörək

мышца

ğəzlə

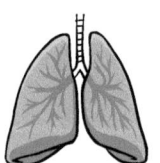

лёгкае

üpkə

пячонка

bawır

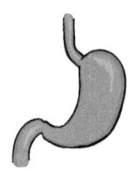

страўнік

aşqazanı

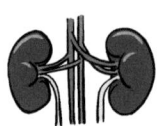

ныркі

böyerlər

сэкс

seks

прэзерватыў

prezervativ

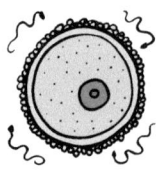

яйцаклетка

kükəy küzənək

сперма

məni

цяжарнасць

kömən

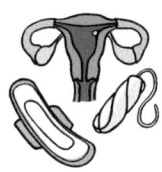

менструацыя

kürem

похва

vagina

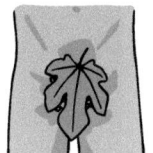

пеніс

penis

брыво

qaş

валасы

çəçlər

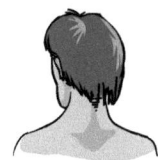

шыя

muyın

шпіталь

xastaxanə

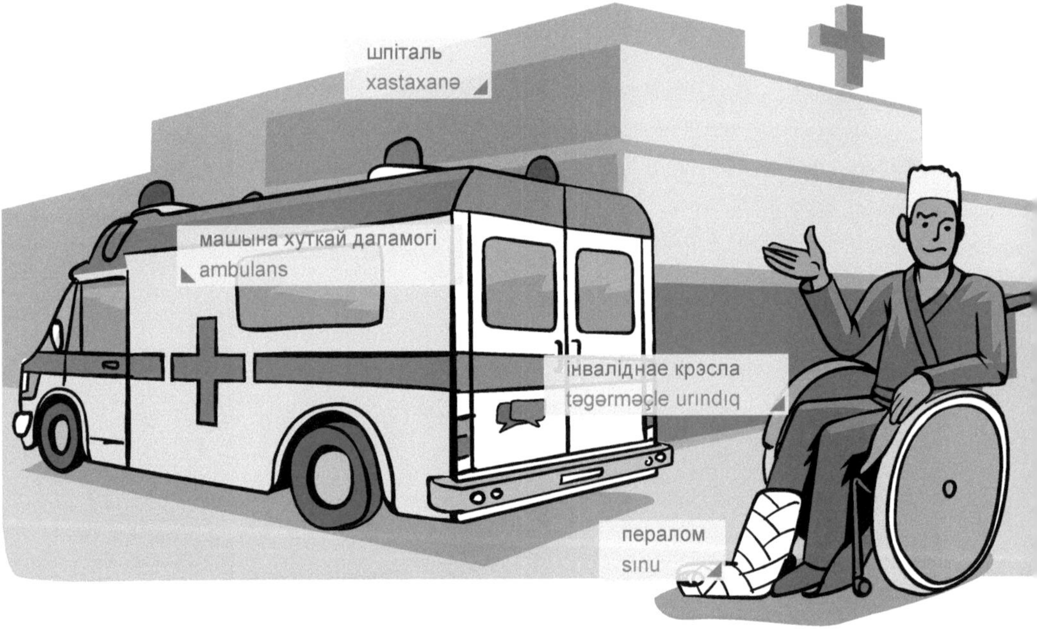

шпіталь
xastaxanə
машына хуткай дапамогі
ambulans
інваліднае крэсла
təgərməçle urındıq
пералом
sınu

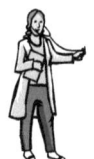

доктар

tabib

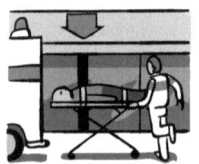

аддзяленне першай дапамогі

aşığıç yərdəm bülməse

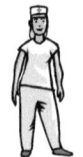

медсястра

şəfqət tutaşı

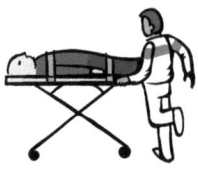

экстраная дапамога

kiçektergesez xəl

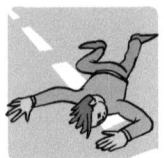

непрытомны

añsız

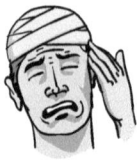

боль

awırtu

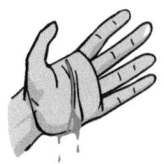

траўма

cərəxətlənü

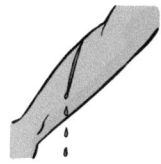

крывацёк

qan ağu

інфаркт

infarkt

апаплексія

insult

алергія

allergiyə

кашаль

yütəl

гарачка

qızu

грып

grip

панос

eç kitü

галаўны боль

baş awırtu

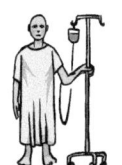

рак

yaman şeş

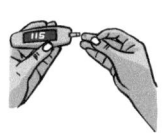

дыябет

diabet

xірург

xirurg

скальпель

skalpel

аперацыя

ğəməliyət

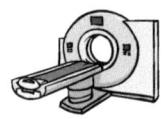

КТ

ST

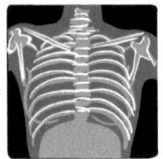

рэнтген

röntgen

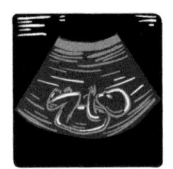

ультрагук

ultratawış

маска

bitlek

хвароба

awıru

пачакальня

kötü bülməse

мыліца

qultıq tayağı

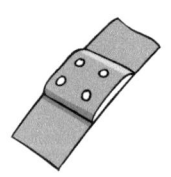

пластыр

plaster

бінт

bəyləweç

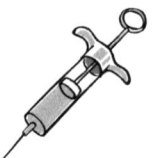

ін'екцыя

qadaw

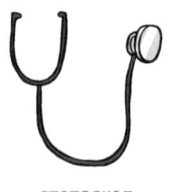

стэтаскоп

stetoskop

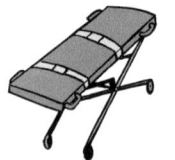

насілкі

sədiyə

градуснік

klinik termometr

нараджэнне

tuu

лішняя вага

artıq awırlıq

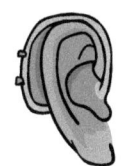

слухавы апарат

işetü cihazı

дэзінфекцыйны сродак

dezinfektant

інфекцыя

yoğış

вірус

virus

ВІЧ/СНІД

KİV / BİDS

лекі

daru

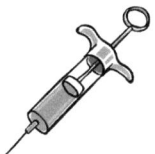

прышчэпка

vaksinalanu

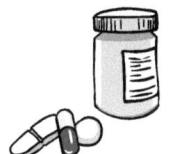

таблеткі

tabletlər

супрацьзачаткавая таблетка

kontraseptiv tablet

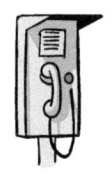

экстраны выклік

aşığıç çaqıru

танометр

qan basımı ülçəgeçe

хворы / здаровы

awıru / sələmət

Ратуйце!

Qotqarığız!

напад

höcüm

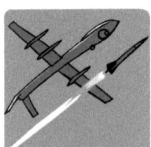

атака

höcüm

небяспека

qurqınıç

аварыйны выхад

aşığıç çığu

сігналізацыя

xəwef tawışı

Пажар!

Yanğın!

вогнетушыцель

ut sündergeç

аварыя

qaza

аптэчка

berençe yərdəm buqçası

СОС

SOS

паліцыя

polisə

Еўропа

Awrupa

Паўночная Амерыка

Tönyaq Amerika

Паўднёвая Амерыка

Könyaq Amerika

Афрыка

Afrika

Азія

Asya

Аўстралія

Awstralya

Атлантычны акіян

Atlantik okean

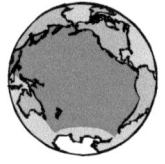

Ціхі акіян

Tın okean

Індыйскі акіян

Hind okeanı

Паўднёвы ледавіты акіян

Antarktik okean

Паўночны ледавіты акіян

Arktik okean

Паўночны полюс

Tönyaq qotıp

Паўднёвы полюс

Könyaq qotıp

Антарктыда

Antarktika

Зямля

Cir

краіна

qorı cir

мора

diñgez

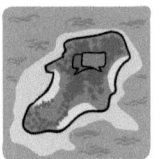

востраў

utraw

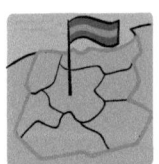

нацыя

millət

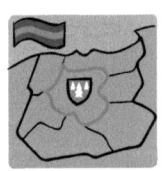

дзяржава

dəwlət

цыферблат

səğət bite

гадзінная стрэлка

səğət uğı

хвілінная стрэлка

minut uğı

секундная стрэлка

sekund uğı

Колькі часу?

Səğət niçə?

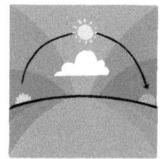

дзень.

kön

час

waqıt

зараз

xəzer

электронны гадзіннік

dijital səğət

хвіліна

minut

гадзіна

səğət

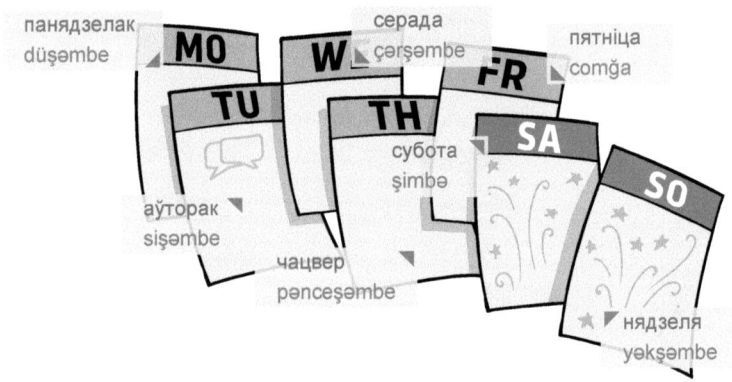

панядзелак
düşəmbe

серада
çərşəmbe

пятніца
comğa

аўторак
sişəmbe

субота
şimbə

чацвер
pənceşəmbe

нядзеля
yəkşəmbe

ўчора

kiçə

сёння

bügen

заўтра

irtəgə

раніца

irtə

абед

töş

вечар

kiç

MO	TU	WE	TH	FR	SA	SU
1	2	3	4	5	6	7
8	9	10	11	12	13	14
15	16	17	18	19	20	21
22	23	24	25	26	27	28
29	30	31	1	2	3	4

працоўныя дні

eş könnəre

MO	TU	WE	TH	FR	SA	SU
1	2	3	4	5	6	7
8	9	10	11	12	13	14
15	16	17	18	19	20	21
22	23	24	25	26	27	28
29	30	31	1	2	3	4

выхадныя

yal könnəre

год
yıl

дождж
yañğır
вясёлка
salawat küpere
вецер
cil
снег
qar
вясна
yaz
восень
köz
лета
cəy
зіма
qış

4.APRIL 11°
5.APRIL 4°
6.APRIL 13°
7.APRIL 8°
8.APRIL 10°

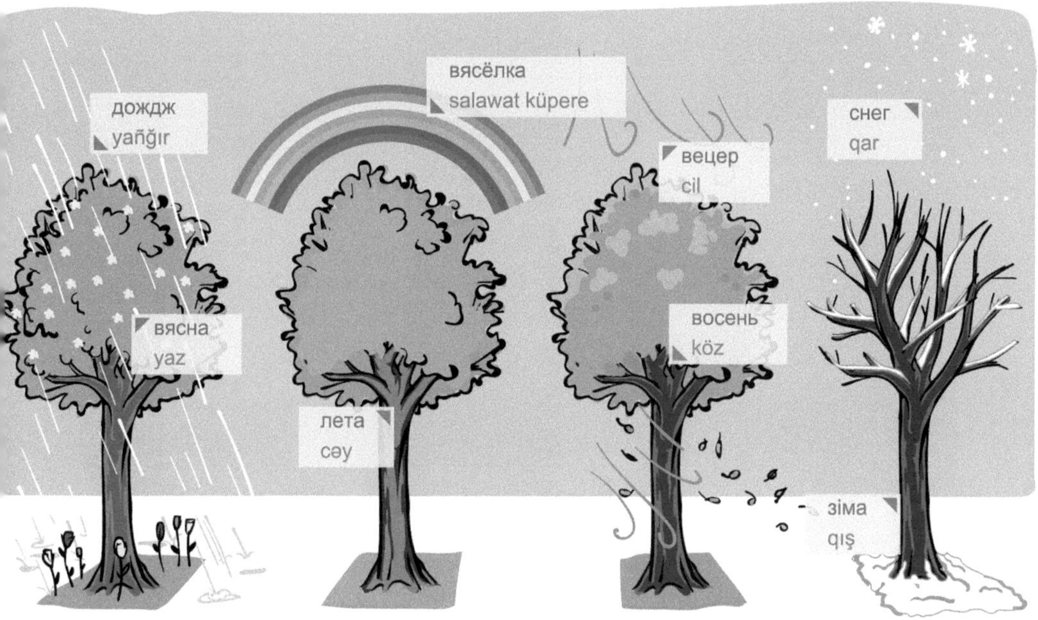

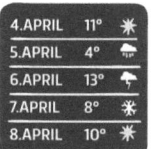

прагноз надвор'я

hawa torışı

F
C
120
90
60
30
0
-30
40
30
20
10
0
-10
-20

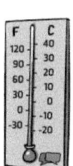

градуснік

termometr

сонечнае святло

qoyaş yaqtısı

воблака

bolıt

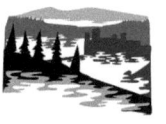

туман

toman

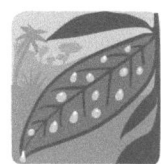

вільготнасць паветра

dımlılıq

маланка
....
yəşen

гром
....
kük kükrəw

бура
....
dawıl

град
....
boz

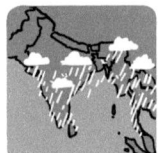

мусонны вецер
....
musson

прылiў
....
su basu

лёд
....
boz

студзень
....
Qırlaç

люты
....
Aqman

сакавiк
....
Buşay

красавiк
....
Yañarış

май
....
Saban

чэрвень
....
Çereşmə

лiпень
....
Peçən

жнiвень
....
Uraq

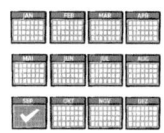

верасень

Indır

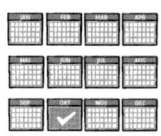

кастрычнік

Bilek

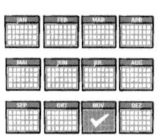

лістапад

Qaraköz

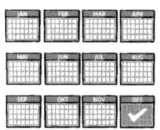

снежань

Kerəw

формы

şəkellər

круг

tügərək

квадрат

dürtkel

прамавугольнік

turıpoçmaq

трохвугольнік

öçpoçmaq

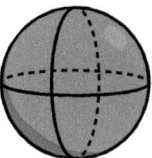

шар

körrə

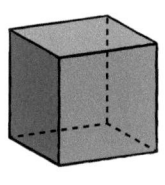

куб

kub

белы
....
aq

жоўты
....
sarı

аранжавы
....
qızğılt sarı

ружовы
....
al

чырвоны
....
qızıl

фіялетавы
....
şəməxə

сіні
....
zəñgər

зялёны
....
yəşel

карычневы
....
körən

шэры
....
sorı

чорны
....
qara

шмат / мала

küp / az

злы / добры

usal / tınıç

прыгожы / брыдкі

matur / yəmsez

пачатак / канец

baş / axır

высокі / малы

zur / keçkenə

светлы / цёмны

yaqtı / qarañğı

сястра / брат

abıy, ene / apa, señel

чысты / брудны

taza / pıçraq

поўны / няпоўны

təmam / təmamlanmağan

дзень / ноч

kön / tön

мёртвы / жывы

üle / tere

шырокі / вузкі

kiñ / tar

ядомы / неядомы

aşarğa yaraqlı / aşarğa yaraqsız

злы / добры

yaman / yaxşı

узбуджаны / нудны

dulqınlanğan / yalıqqan

тоўсты / тонкі

yuan / yabıq

першы / апошні

berençe / soñğı

сябар / вораг

dus / doşman

поўны / пусты

tulı / buş

цвёрды / мяккі

qatı / yomşaq

важкі / лёгкі

awır / ciñel

голад / смага

açlıq / susaw

хворы / здаровы

awıru / sələmət

нелегальны / легальны

qanunsız / qanunlı

разумны / дурны

aqıllı / aqılsız

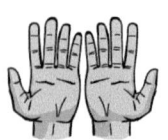

левы / правы

sul / uñ

побач / далёка

yaqın / yıraq

новы / былы ва ўжыванні
yaña / qullanılğan

нічога / нешта
hiçnərsə / nərsəder

стары / малады
ölkən / yəş

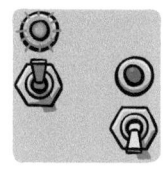

укл / выкл
qabızdırılğan / sünderelgən

адчынены / зачынены
açıq / yabıq

ціхі / гучны
tawışsız / göreltele

багаты / бедны
bay / yarlı

правільна / няправільна
döres / yalğış

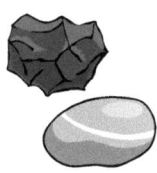

шурпаты / гладкі
qıtırşı / şoma

сумны / шчаслівы
küñelsez / küñelle

кароткі / доўгі
qısqa / ozın

павольны / хуткі
aqrın / tiz

вільготны / сухі
dımlı / qorı

цёплы / халаднаваты
cılı / salqın

вайна / мір
suğış / tınıçlıq

0

нуль

sıfır

1

адзін

ber

2

два

ike

3

тры

öç

4

чатыры

dürt

5

пяць

biş

6

шэсць

altı

7

сем

cide

8

восем

sigez

9

дзевяць

tuğız

10

дзесяць

un

11

адзінаццаць

unber

12

дванаццаць

unike

13

трынаццаць

unöç

14

чатырнаццаць

undürt

15

пятнаццаць

unbiş

16

шаснаццаць

unaltı

17

сямнаццаць

uncide

18

васямнаццаць

unsigez

19

дзевятнаццаць

untuğız

20

дваццаць

yegerme

100

сто

yöz

1.000

тысяча

meñ

1.000.000

мільён

million

англійская

inglizçə

англійская (Амерыка)

Amerika inglizçəse

кітайская мандарынская

Mandarin qıtayçası

хіндзі

hindi

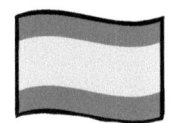

іспанская

İspança

французская

Fransızça

арабская

Ğərəpçə

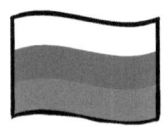

руская

Rusça

партугальская

Portugalça

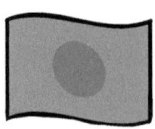

бенгальская

Bengali

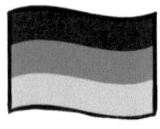

нямецкая

Almança

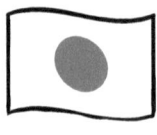

японская

Yaponça

я
....
min

ты
....
sin

ён / яна / яно
....
ul / ul / ul

мы
....
bez

вы
....
sez

яны
....
alar

хто?
....
kem?

што?
....
nərsə?

як?
....
niçek?

дзе?
....
qayda?

калі?
....
qayçan?

імя
....
isem

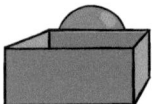

за

artta

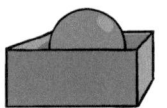

у

eçendə

перад

aldında

над

östendə

на

östendə

пад

astında

каля

yanında

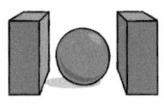

паміж

arasında

месца

urın